Ma première Bécassine

La pêche

CAUMERY / PINCHON

GAUTIER-LANGUEREAU

Loulotte gazouille : « Promener, promener !
– Tout de suite, ma chérie »,
dit Bécassine.
Et les voilà parties
pour la plage.

En chemin,
elles rencontrent l'oncle Corentin.
Il s'écrie :« Oh, oh,
ce petit bout de chou a poussé
comme un champignon !
Puisqu'elle est si grande,
emmenons-la
à la pêche !

« Il n'y a pas de danger ?
demande Bécassine, un peu inquiète.
– Avec moi, aucun risque ! »

Bécassine et Loulotte s'installent
alors dans le bateau.
L'oncle Corentin le pousse à la mer et...

... en avant pour la partie de pêche !
Mais Bécassine n’est pas
encore très rassurée :
« Et si la tempête se levait ?
– Impossible avec ce beau ciel bleu,
dit l’oncle Corentin. Allez, allez, pêchons !
– Pêcher poisson », gazouille Loulotte.

Les lignes sont lancées et Bécassine
crie : « J'ai attrapé une sardine !
– Veux attraper sardine », réclame Loulotte.

Alors, l'oncle Corentin l'aide à pêcher.
« Tu es bien sûr qu'elle ne risque rien ? »
A peine Bécassine a-t-elle dit cela que...

... Loulotte culbute en avant,
entraînée par un énorme maquereau !
« Elle va se noyer », hurle Bécassine.
Elle se jette sur sa chérie,
et la retient par son manteau.
Ouf ! Juste avant le grand plongeon !

De retour au village,
Bécassine tremble encore.
Mais l'oncle Corentin brandit
avec fierté le maquereau de Loulotte.
« Cette enfant est un génie, crie-t-il.
Admirez le poisson qu'elle a attrapé ! »
Loulotte, un génie ?
Bécassine en retrouve le sourire.

ISBN : 2-01-021054-9

Dépôt légal n°4936 - octobre 1993
Imprimé chez Clerc à Saint-Amand-Montrond.

Loi n° 49-956 du 16 juillet 1949
sur les publications destinées à la jeunesse.

Directeur d'ouvrage : Viviane Cohen
Collaboration graphique : Laure Moulin-Roussel

Nous remercions pour leur collaboration :
l'Atelier Philippe Harchy pour la mise en images,
Colette David pour la maquette,
Evelyne Lallemand pour les textes.
Conception de couverture : Maryvonne Denizet